AF322168

# PLAN

## DE LA

## FÊTE NATIONALE

*Qui sera célébrée à Brest, le 23 Thermidor, en mémoire de l'immortelle journée du 10 Août 1792.*

# PLAN

## DE LA

## FÉTE NATIONALE,

*Qui sera célébrée à Brest , le 23 Thermidor , l'an second de la République Française , une et indivisible , en mémoire de l'immortelle journée du 10 Août 1792 (vieux style).*

---

Il étoit digne de la Convention nationale, qui a fondé la République, de la rendre immuable, en élevant le peuple au niveau de ses grandes destinées. Elle a voulu, par des fêtes, par des monumens, par l'accord de tous les arts, lui rappeler le passé, lui

A

peindre le présent, et semer à l'avance, dans l'avenir, des germes féconds de gloire et de prospérité.

Animé de cet esprit, le citoyen Hur, peintre des ports de la République, a proposé aux Représentans du peuple, résidant en cette Commune, de consacrer, sans autre récompense que le plaisir de servir la Patrie, son talent et ses soins, à l'exécution d'un arc de triomphe, qui, placé sur une des promenades de cette ville intéressante, pût servir en même temps à électriser les citoyens, par des souvenirs glorieux ou touchans, et à embellir l'anniversaire de ce grand jour, qui vit tomber la royauté, et s'élever la *République*.

Le vœu de cet artiste a été rempli par un arrêté du 5 messidor, qui l'autorise à diriger les préparatifs de cette grande fête nationale, et les travaux nécessaires pour la confection de l'arc de triomphe, qui en doit être le principal ornement. Les Représentans du peuple lui ont adjoint, pour l'exécution, le citoyen Santory, artiste recommandable par ses talens, par son patriotisme, et cher aux *Brestois*, par le zèle qu'il a toujours montré à décorer leurs fêtes civiques.

En conséquence , secondé du citoyen Dubois, peintre républicain , entouré des Commissaires de la Municipalité et de la Société populaire , et après avoir recueilli les avis de quelques frères, amis de l'égalité et des arts, Hue a tracé et présenté au peuple le plan de la fête qui lui est préparée pour le 23 de ce mois.

A peine l'aurore aura-t-elle annoncé le lever du soleil, que les canons des vaisseaux de la République , qui ont tonné contre les usurpateurs de la mer, dans les fameux combats des 9 , 10 et 13 prairial, donneront le signal de l'allégresse publique , et en réveillant les citoyens, dirigeront leurs premières pensées vers les grands objets de la fête.

La place d'Armes de la marine , sera le lieu de la réunion de toutes les autorités et de tous les citoyens qui doivent composer le cortège. Là , dès six heures du matin , les bannières seront placées , les rangs désignés , l'ordre de la marche établi ; là, se rassembleront, à la même heure, les troupes destinées à accompagner le cortège.

Au signal donné , un nombreux orchestre

exécutera des morceaux choisis , propres à disposer tous les citoyens à la joie pure et naïve qui doit briller dans les fêtes populaires. Des chœurs exprimeront ensemble , ou tour à tour, tantôt les douceurs de la fraternité , tantôt les élans du patriotisme , et donneront ( à l'avance ) une idée du caractère de la fête. Tel sera le prologue du drame touchant dont la commune de Brest doit être ce jour-là le théâtre.

Le cortège partira de la place d'Armes par la Rampe qui domine le ardin des plantes , se prolongera à gauche dans la rue de la Communauté , descendra la Grand'rue , montera par le Quai, sur l'Esplanade du Château , passera sous l'Arc de triomphe, s'arrêtera devant la statue de la *France* , et se rendra enfin sur la place de la Liberté , où se terminera la fête.

Nous allons maintenant caractériser les différens grouppes qui composeront le cortège , et indiquer les tableaux que la marche doit présenter.

A huit heures , une salve d'artillerie annoncera le départ du cortège.

Un détachement de cavalerie ouvrira la marche ; elle se continuera dans l'ordre suivant :

Les tambours,
La musique,
Un peloton d'infanterie,
Un peloton de canonniers,
Deux pièces d'artillerie légère,
Un peloton de canonniers,
Un peloton d'infanterie.

## PREMIER GROUPPE.

Au milieu de vingt quatre jeunes filles, qui toutes porteront à la main des couronnes de chêne, de fleurs et de lauriers, s'élèvera la bannière des citoyennes, qui rappelera le pouvoir que la nature a donné aux femmes, sur les hommes sensibles et courageux; elles peuvent, par un sourire, ou par l'attrait d'un doux espoir, élancer les cœurs à la gloire et à la vertu. Les yeux se fixeront avec plaisir sur cette bannière ; on y verra la beauté, distribuant des couronnes. *Au civisme, à la vertu, au talent, à la victoire,* seront les mots sacrés de la devise.

Les citoyennes des sections formeront deux files sur les côtés.

## IIme GROUPPE.

Un peloton de jeunes citoyens s'avancera,

portant la bannière de l'*espoir de la Patrie ;*
elle aura ¿pour emblême *un soleil levant,
dardant ses premiers rayons sur le sommet
d'une montagne,* et portera ces mots pour
devise :

NAITRE , VIVRE ET MOURIR POUR LA LIBERTÉ.

Deux pièces de canon.

Dix-huit jeunes citoyens, tenant à la main
des branches de myrthe , porteront avec
respect un vieillard en cheveux blancs, *emblême de l'expérience.*

Ce grouppe sera suivi d'un peloton de
jeunes citoyens , au milieu duquel s'élèvera
une bannière portant ces mots : BARRA et
VIALA, *modèles de la jeunesse républicaine ;*
et des deux côtés seront placés par files, les
députés des sections.

## IIIme  GROUPPE.

LES vétérans marcheront satisfaits d'avoir
vu, avant de mourir , la chûte de la tyrannie
et le règne de la liberté. Ils entoureront
une bannière qui portera cette devise :

NOS DERNIERS JOURS SONT LES PLUS BEAUX.

Les invalides suivront, avec le regret d'a-
voir , sous l'ancien régime, versé leur sang

pour la cause des rois, et le désir d'en consacrer la dernière goutte à la défense de la République. Leur bannière aura cette devise:

Le sang qui nous reste est a la Patrie.

## IVme GROUPPE.

Au milieu de vingt-cinq citoyens nègres, blancs et mulâtres, de différens états, s'élèvera la bannière de l'*Egalité*. Elle présentera aux yeux un blanc, un nègre et un mulâtre, réunis par les doux liens de la fraternité, et son inscription sera l'art. III de la déclaration des droits de l'homme :

Tous les hommes sont égaux par la nature et devant la Loi.

## Vme GROUPPE.

O! martyrs de la liberté, vous ne serez pas oubliés à la plus mémorable des fêtes qui lui sont consacrées. Destructeur des *Tarquins*, fondateur de la République de Rome, toi qui sus immoler la nature à la Patrie, Brutus, héros antique et toujours présent au souvenir des hommes libres ; toi, Marat, victime des traîtres dont tu fus le fléau ; vous, le Pelletier et Chalier, vos images révérées seront portées par des mains pures et reconnoissantes : vos vertus seront présentées à l'imitation des Républicains.

Au milieu de ces quatre bustes, une des pierres de la *Bastille*, fixera les regards et rappelera de grands souvenirs. S'il se trouve à Brest, en ce moment, quelques-uns des vainqueurs de cette forteresse odieuse, ils seront invités à environner, pendant la marche, cette pierre, gage du courage avec lequel ils ont combattu dès les premiers momens de la révolution.

La *Liberté*, du haut d'un char antique, laissera tomber sur ce grouppe des regards satisfaits. Vingt quatre jeunes filles marcheront autour de la Déesse; douze d'entr'elles tiendront, d'une main, des guirlandes de fleurs attachées au char, et de l'autre, elles présenteront aux défenseurs de la Patrie, les couronnes de chêne qui leur sont destinées.

Douze jeunes filles porteront des corbeilles pleines de fleurs.

Le char de la *Liberté* sera précédé et suivi de musiciens.

Le Consul des États-Unis, et plusieurs Américains libres, nos frères et nos amis, embelliront ce grouppe, par la réunion tou-

chante de leur pavillon et du drapeau tri-
color.

## VI<sup>me</sup> G R O U P P E.

N o s marins rivalisent, par leur courage,
les armées qui ont purgé notre territoire des
esclaves qui avoient osé le souiller; et tandis
qu'elles dissipent, comme une vile poussière, les cohortes fugitives des tyrans du
Nord, les vaisseaux de la République vont
nettoyer l'Océan, usurpé par d'infames pi-
rates aux gages de Pitt. C'est donc avec
plaisir, que les patriotes verront briller au
centre du cortège la bannière des intrépides
marins, avec cette devise :

La Liberté est notre Boussole.

Un vaisseau se balancera majestueusement
au milieu d'un grouppe, et semblera flotter
sur les vagues. Sa poupe présentera cette
inscription :

Je porterai la Liberté sur toutes les mers.

Il sera précédé d'un peloton de marins,
et suivi d'un grouppe d'ouvriers du port,
qui, armés des instrumens de leurs métiers,
et portant en triomphe un vaisseau com-

mencé , entoureront une bannière , sur laquelle ces mots seront inscrits :

SANS NOUS POINT DE MARINE.

## VII<sup>me</sup> GROUPPE.

MUSIQUE guerrière.

Retracer la journée du 10 août, c'est rappeler la vigueur révolutionnaire des *Sans-Culottes*. Leur bannière annoncera la victoire ; elle présentera, pour emblême, *un Sans-Culotte appuyé sur une massue, et portant fièrement une hache sur l'épaule.*

La bannière de la victoire suivra, décorée de tous ses emblêmes.

Enfin, quatre pièces de canons, couvertes de lauriers, de rameaux civiques et de trophées , seront traînées par les héros du 10 août.

## VIII<sup>me</sup> GROUPPE.

UNE nombreuse députation de la Société populaire, ouvrira la marche de ce grouppe ; elle entourera une bannière qui portera ces mots pour devise :

SURVEILLONS ET INSTRUISONS.

( 11 )

Les Juges de Paix et les Membres du Bureau de Conciliation, marcheront sous la bannière de la *Concorde*; elle portera ces mots :

PLUS DE CHICANE.

Le Tribunal du Commerce aura cette devise :

QUE LA BONNE FOI TRIOMPHE.

Le Tribunal de District. On lira sur sa bannière ces mots :

JUSTICE A TOUS ÉGALEMENT.

Le Comité de Surveillance, avec cette devise :

VEILLONS POUR LA LIBERTÉ.

L'Administration du district aura ces mots pour devise :

INTÉGRITÉ DANS LA RÉGIE DE LA FORTUNE

PUBLIQUE.

Le Conseil général de la Commune, auquel se joindront les Officiers Municipaux des Communes du canton, marchera sous une bannière, qui portera ces mots :

MAGISTRATS DU PEUPLE, VEILLONS A SES

BESOINS.

Le Tribunal Révolutionnaire. Sa bannière présentera ces mots :

MORT AUX CONSPIRATEURS.

Enfin, le Représentant du peuple s'avancera, accompagné des Secrétaires de la Commission.

A quelque distance, seront placés les Généraux de terre et de mer, l'État major de la place, et les députations des Corps Militaires.

Un peloton de canonniers.
Deux pièces de canon.
Un peloton de canonniers.

## IX^me GROUPPE.

PELOTON d'infanterie.

Ici paroîtra le Peuple. Il traînera avec mépris un vil tombereau, chargé d'objets plus vils encore, de couronnes, de sceptres, de mitres, d'encensoirs, d'armoiries, de vieux parchemins ; en un mot, de tous les attributs de l'orgueilleux royalisme, du fanatisme barbare, de la dévorante aristocratie et de l'absurde féodalité. Le Peuple poussera jusqu'au ciel des cris de joie à la vue de ces ruines de l'ancien régime ; il songera à ses maux passés, à ses triomphes présens ; et, comparant ce qu'il fut avec ce qu'il est, il bénira la grande révolution qui l'a rendu libre, et qui va le rendre heureux et puissant.

Le cortège sera terminé par des pelotons d'infanterie et de cavalerie.

La marche sera divisée en quatre stations : celle *du Combat*, celle *de la Victoire*, celle *des Martyrs de la liberté*, celle *de la Liberté* et *de l'allegresse publique*.

## PREMIÉRE STATION.

### *Du Combat.*

Le cortège s'arrétera au milieu de la Grand'-rue. Cette station est consacrée à célébrer l'ardeur intrépide du Peuple dans les combats qu'il a livrés à la tyrannie, aux grandes époques de la révolution. Le son aigu des trompettes, les tambours battant la charge, le bruit du canon, tout portera dans l'ame une fureur guerrière, tout rappelera le moment où le tyran fut attaqué, où ses vils satellites furent écrasés par les Sans-Culottes. La musique exécutera une *Ba-*

*taille*, et pour donner à ces tableaux guer-
riers un coloris plus vif, un ton plus vrai,
les chœurs exprimeront, par des vers civiques, les sentimens qui animèrent les
Héros du 10 août.

## IIme STATION.

### *De la Victoire.*

L e cortège s'arrêtera en face du monument érigé sur la promenade. Cette station
est consacrée à peindre les triomphes du
Peuple. Les chants de la victoire éclateront
de toutes parts ; une musique fière et bril-
lante , exprimera l'allégresse des *Sans-
Culottes* , dans les fameuses journées du
14 juillet et du 10 août, lorsqu'ils assurèrent,
par leurs efforts, la conquête de la *Liberté* ,
et préparèrent l'établissement de la *République*. Tandis que les cœurs seront remplis
d'une douce émotion , les yeux se fixeront
sur le monument, et ils y verront de grands
évènemens , reproduits par la magie du
pinceau.

Là paroit , d'un côté , au-dessus de la
voûte, un bas-relief en marbre blanc , représentant la *Bastille forcée* ; l'infame
*Launay* , saisi par les Gardes françaises ; le

Peuple vengé de ses oppresseurs , et le premier triomphe de la *Liberté*. Du côté opposé , on voit la tyrannie attaquée jusques dans son repaire , et les Suisses de *Capet*, traînés dans la poussière par les hommes du 10 août , fondateurs de l'égalité.

Sur les quatres pilastres de l'arc , les statues colossales de la *Liberté*, de la *Vertu*, de la *Raison* et de la *Fraternité*, sont figurées en bronze.

Enfin , le caractère du monument est marqué , et le but de l'artiste fortement indiqué par une figure majestueuse, placée sur l'extrémité de l'arc. La *France* y sera représentée , posant sur le globe terrestre le niveau de l'*Egalité* , avec cette inscription :

La France a tous les Peuples.

## IIIme STATION.

*Des Martyrs de la Liberté, devant la statue de la France.*

La victoire coûte du sang , et plusieurs de nos frères ont péri en combattant pour la Patrie : combien ne devons-nous pas révérer leur mémoire ? Déposons sur leurs tombeaux le tribut de la reconnoissance publique ; rappelons leurs vertus pour qu'elles soient imitées ; arrosons leurs cendres des larmes de l'amitié, et que la douleur mêle son cyprès funèbre aux lauriers cueillis par la valeur. Tel sera le but de la troisième station, consacrée à la mémoire des *Martyrs de la Liberté*. Une musique tendre et plaintive imitera les accens de la tristesse, et exprimera les regrets dont tous les cœurs seront pénétrés.

## IV<sup>me</sup> S T A T I O N.

*De la Liberté et de l'allégresse publique.*

ENFIN, le cortège se rendra sur la place de la Liberté, et entourera, avec reconnoissance, la *Montagne*, emblême respecté de cette portion intrépide de la Convention, qui fit tomber la tête du tyran, qui écrasa les factieux, étouffa le fédéralisme, produisit l'acte constitutionnel, et sauva la Patrie déchirée et convulsive, par la force prompte et toute-puissante du gouvernement révolutionnaire.

Là, mille actions de graces s'élèveront vers la *Liberté*, fille immortelle de la nature et protectrice des Français régénérés. Enfin, la joie la plus vive succèdera aux accens de la reconnoissance , et le Peuple livrera aux flammes vengeresses , les attributs méprisables entassés dans le tombereau , et après ce sacrifice expiatoire , fera retentir les airs de mille cris de *Vive la République* , et se livrera à des danses fraternelles.

Dans ce moment , le bruit d'une nombreuse artillerie , se mêlant aux cris d'un Peuple libre , portera jusqu'à l'auteur de la nature , l'expression de son bonheur et de sa reconnoissance.

H u e , *Peint. des Ports de la Répub.*

*Vu et approuvé par Nous , Représentant du Peuple , dans les départemens maritimes. A Brest , le 14 thermidor , an second de la République , une et indivisible.*

P R I E U R , *( de la Marne ).*

---

A BREST , chez Gauchlet , Imprimeur des Représentans.

[illegible]